Das Problem des platonischen Symposion.

August Ritter von Kleemann

Alpha Editions

This edition published in 2022

ISBN : 9789356711440

Design and Setting By
Alpha Editions
www.alphaedis.com
Email - info@alphaedis.com

I.

Unter all den herrlichen Werken, die Platons Genius geschaffen hat, gebührt dem Symposion die Krone. Seine echt attische Grazie und Anmut erinnert an die Schöpfungen des Praxiteles. Keine andere Schrift zeigt Platons universales Können in gleichem Maße. Der Dichter wie der Philosoph hat hier die höchste Staffel erklommen.

Den Forscher aber stellt dieses Wunderwerk vor eine schwierige Aufgabe. Seine Lehren stehen zu dem Inhalt anderer platonischer Schriften aus früherer und späterer Zeit in so schroffem Widerspruche, daß man versucht wäre, die Echtheit des Symposion in Zweifel zu ziehen, wäre sie nicht über jeden Zweifel erhaben.

Eine gegensätzliche Auffassung zeigt das Symposion z. B. gegenüber dem ‚Gorgias' in der Beurteilung der Dichter: im ‚Gorgias' ausnahmslos als Diener des Pöbels gebrandmarkt (p. 502 *b* ff.), erfahren sie im Symposion die entgegengesetzte Behandlung; ihre Ersten, Homer und Hesiod, werden mit den großen Gesetzgebern Lykurgos und Solon in eine Linie gestellt und um des unvergänglichen Ruhmes ihrer Schöpfungen willen den Heroen gleichgesetzt (p. 209 *a–e*).

Wie das Schaffen des Dichters, so betrachtet das Symposion auch die Äußerungen des Ehrgeizes (φιλοτιμία) als Betätigung des geistigen Zeugungstriebes, mithin des höchsten Preises wert. Ja, das Streben nach unvergänglichem Nachruhm, im Grunde eine φιλοτιμία höheren Grades, wird geradezu als das eigentliche Motiv der geistigen Zeugung bezeichnet.

Damit harmoniert nun keineswegs die Verurteilung der φιλοτιμία im Staat (I, 347 *b*).

Indes ließe sich in diesen beiden Fällen ebenso wie bei der Differenz in der Beurteilung des παιδοσπορεῖν, welche das Symposion gegenüber dem ‚Phaidros' aufweist (der Phaidros tut p. 250 *e* ff. das παιδοσπορεῖν verächtlich ab und betrachtet es als Abirren vom wahren Ziel, während das Symposion darin das Ewigkeitsstreben des Menschen – wenn auch in niederem Grade – erfüllt sieht), mit der Annahme eines Wandels der Anschauung durchkommen.

Aber die Stellung, die Platon im Symposion gegenüber der Unsterblichkeitsfrage einnimmt, läßt sich so einfach nicht erklären.

Streben nach Unsterblichkeit und Ewigkeit bezeichnet das Symposion als das Wesen des Eros. Ein Streben setzt, wie Platon nicht verborgen ist, ein Entbehren voraus. P. 200 *a* ff. legt er dies ausführlich dar und begegnet im vorhinein dem Einwand, daß doch z. B. der Reiche nach Reichtum strebe, sein Besitz ihn also nicht am Streben hindere, mit der Bemerkung, dieses Streben richte sich nur darauf, den Besitz des Reichtums für die Zukunft zu erhalten, da der Reiche in der Gegenwart reich sei, ob er wolle oder nicht. Es kann hiernach gar kein Zweifel sein, daß Platon im Symposion die Seele nicht als unsterblich betrachtet hat. Natorps Versuch,[1] die Differenz zwischen der Auffassung des Symposion und der des ‚Phaidon' aufzulösen, ist unbedingt zurückzuweisen, als dem klaren Wortlaut des Symposion widersprechend. Da Platon Symp. p. 207 *a* ff. ausdrücklich sagt, wer bloß die körperliche Zeugung betätigt habe, lebe, dem Tiere gleich, einzig und allein in seinen Kindern fort, so geht es nicht an, den Glauben an die Unsterblichkeit der Seele, d. h. jeder Seele in das Symposion hineinzuinterpretieren.

Der Umstand, daß im Symposion die Seele nicht als unsterblich gilt, würde dieses Werk einer frühen Schaffensperiode Platons zuweisen, einer Zeit, da er, der Auffassung des Sokrates getreu, die Unsterblichkeit der Seele durchaus nicht als einen Hauptlehrsatz seiner Philosophie betrachtete. Nun enthält aber das Symposion die Ideenlehre, jene ureigenste Schöpfung platonischen Geistes, was seine Zugehörigkeit zu ‚Phaidon', ‚Phaidros' etc. beweist und allen jenen Dialogen die Priorität sichert, welche von der Ideenlehre noch nichts wissen oder nur deren erste Keime aufweisen: also (von der Apologie abgesehen) Protagoras, Hippias minor, Laches, Charmides und – Gorgias. Über dem Gorgias schwebt der Geist der Ideenlehre, hat Th. Gomperz[2] treffend gesagt; er geht dieser also voraus. Derselbe Gorgias aber verficht bereits mit höchster Energie die Lehre von der Unsterblichkeit der Seele, in Übereinstimmung mit allen späteren Werken Platons. Wie haben wir uns danach das Verhältnis des Symposion zum Gorgias zu denken? Jeder der beiden Dialoge scheint Anspruch auf die Priorität zu erheben. Bei reiflicher Überlegung werden wir dieselbe aber doch dem Gorgias zuerkennen müssen. Denn es erscheint undenkbar, daß eine Schrift, welche eine bestimmte Lehre bloß in ihren keimenden Anfängen enthält, jener Schrift nachgefolgt ist, die diese Lehre bereits voll ausgebildet zeigt. Wir müssen also das Symposion dem Gorgias nachfolgen lassen und damit ein Schwanken Platons gegenüber dem Unsterblichkeitsglauben annehmen. Es steht ja auch die Lehre des Symposion, die Seele sei zwar nicht von vornherein unsterblich, könne es aber (durch die geistige Zeugung) w e r d e n , zwischen dem Glauben an die Vergänglichkeit der Seele und der Überzeugung von ihrer Unsterblichkeit in der Mitte und gleicht mehr einer Modifikation des Unsterblichkeitsglaubens. Wodurch aber kann Platon veranlaßt worden sein, an der Lehre von der Unsterblichkeit der Seele eine Modifikation vorzunehmen, die er später doch wieder beseitigt hat?

Diese Frage zu beantworten, sei gleich in medias res, d. h. zur Analyse der Eroslehren des Symposion übergegangen.

II.

Das Symposion gipfelt in Sokrates' Rede, welche für die philosophische Würdigung des Dialoges fast allein in Betracht kommt; nicht zwar, als ob die Reden der übrigen Teilnehmer philosophisch gänzlich bedeutungslos wären, vielmehr enthält jede einen Gedanken, den Sokrates in seiner Rede verwertet oder doch, wenn auch nur polemisch, berücksichtigt: so berührt bereits Phaidros (p. 178 *d* ff.) den hohen sittlichen Wert des Eros und stellt (p. 180 *b*) die später von Sokrates begründete Behauptung auf, um Tugend und Glückseligkeit zu erwerben, sei des Eros Hilfe besser als die jedes anderen Gottes. Pausanias unterscheidet zwei Arten des Eros, eine gute und eine schlechte: die schlechte gelte bloß den Reizen des Körpers, die gute der Tugend und Vollkommenheit (p. 180 *d* ff.). Diesen Gegensatz, den dann Eryximachos in seiner Rede auf die ganze organische und anorganische Natur ausdehnt (p. 186 *a* ff.), akzeptiert Sokrates mit seiner Unterschcidung zwischen körperlichem und geistigem Eros. Die Reden des Eryximachos und Aristophanes enthalten die damals gangbaren Theorien über das Wesen der Liebe, die des ersteren empedokleische und heraklitische Ansichten, die des letzteren jene bereits im ‚Lysis' behandelte Definition der Liebe als des Strebens nach dem Eigenen, dem οἰκεῖον.[3] Auch mit diesen Theorien setzt sich Sokrates in seiner Rede auseinander; er legt dar, wie weit sie berechtigt sind. Des Gorgias Schüler Agathon endlich betont zu Sokrates' lebhafter Befriedigung, erst müsse das Wesen des zu preisenden Gottes festgestellt sein, bevor man über sein Wirken sprechen könne (p. 195 *a* beziehungsweise 199 *c*).[4]

Eben darum aber, weil Sokrates den Reden seiner Vorgänger alles Brauchbare entnimmt, kommt diesen Reden kein besonderes philosophisches Interesse zu: sie dienen künstlerischen, wohl auch didaktischen Zwecken. So genügt es für unser Vorhaben, die Rede des Sokrates zu analysieren.

In seinem Vorgespräch mit Agathon (p. 199 *c*–201 *d*) stellt Sokrates fest, daß der Eros ein Objekt haben müsse; da man aber nur begehre, was man nicht hat, der Eros aber auf das Schöne und das davon unzertrennliche Gute ausgehe, so könne Eros selbst weder schön noch gut sein. Weit gefehlt aber wäre es, ihn darum für häßlich und schlecht zu halten. An dieser Stelle entwickelt Sokrates den Begriff des Mittleren (μεταξύ). An dem Beispiel des ὀρθὰ δοξάζειν wird dies deutlich gemacht. Als bloßes δοξάζειν kann es nicht σοφία sein, als ὀ ρ θ ὰ δοξάζειν aber auch nicht ἀμαθία. Ein solches μεταξύ ist auch der Eros, der kein Gott sein kann als τῶν καλῶν καὶ ἀγαθῶν ἄμοιρος (p. 202 *d*), sondern nur ein Mittelding zwischen θνητός und ἀθάνατος.

Anknüpfend hieran erzählt nun Sokrates den bekannten Mythus von der Entstehung des Eros. Am Geburtstagsfeste der Aphrodite wurde er gezeugt von einem göttlichen Vater, Poros, dem Reichtum, und einer nicht göttlichen Mutter, Penia, der Armut.

Seine Natur zeigt seine Herkunft: nach der Mutter ist er πένης, σκληρός, αὐχμηρός, ἐνδείᾳ ξύνοικος (p. 203 *d*), nach dem Vater τοῖς καλοῖς καὶ τοῖς ἀγαθοῖς ἐπίβουλος, φρονήσεως ἐπιθυμητής, φιλοσοφῶν διὰ παντὸς τοῦ βίου.

Diese Schilderung des Eros ist selbstverständlich Allegorie. Was ist Eros in Wirklichkeit? Ein Streben des Menschen. Es wohnt diesem also ein Streben inne, das weder schön und gut noch schlecht und häßlich ist, ein Streben, das zwischen göttlich und sterblich in der Mitte steht. Demgemäß ist unter Eros' Elternpaar die menschliche Natur zu verstehen, aus der jenes Streben hervorgeht. Zwei Prinzipe enthält diese Natur: ein göttliches, das ist Poros, der Sohn der Metis; ein irdisches, das ist Penia, die Armut und der Mangel. Das Streben, welches aus der Verbindung dieser Prinzipe entspringt, ist der Eros, dessen Begriff sonach gewöhnlich zu eng gefaßt ist. Er ist eigentlich das jedem Menschen infolge der Zusammensetzung seines Wesens beständig innewohnende Streben nach dem Guten, genauer nach dem immerwährenden Besitz des Guten. Das Objekt des Eros ist somit im Grunde die Athanasie, ohne welche ja ein immerwährender Besitz nicht möglich ist.

Wenn dies die wahre Natur des Eros ist, so muß ein Ewigkeitsstreben auch jener Gattung desselben zugrunde liegen, die – ohne eigentlich erkennbaren Grund – gewöhnlich allein den Namen ‚Eros' führt. Dies ist auch tatsächlich der Fall. Der Zeugungstrieb, der jenen Eros charakterisiert, ist in Wahrheit Unsterblichkeitstrieb: er geht nicht eigentlich auf das Schöne, sondern auf Erzeugung im Schönen aus. Erzeugung und Geburt aber sind das Göttliche und Ewige im menschlichen Dasein, was auch dadurch bestätigt wird, daß das Schöne zur Zeugung lockt, das Häßliche davon abstößt. Auch der Zeugungstrieb ist also Ewigkeitstrieb (p. 206 *b*–207 *a*).

Wie Sokrates weiter ausführt, ist dieser Zeugungstrieb ein zwiefacher: ein niederer, den auch die Tiere kennen, der Drang nach körperlicher Fortpflanzung, und ein höherer, geistiger, zu dem nur der Mensch sich erheben kann. Dies gibt einen deutlichen Wink, wie jener Mythus von Poros und Penia und der Entstehung des Eros zu verstehen ist. S e e l e und L e i b sind die beiden Prinzipe der menschlichen Natur, die Seele das göttliche, der Leib das irdische. In dem Mythus steckt so die orphische Lehre vom Sündenfall der Seele – Poros betrinkt sich und ahnt in seiner Trunkenheit nicht, w e n er zur Mutter seines Sohnes macht –, desgleichen die orphisch-pythagoreische Anschauung von dem Gegensatz zwischen der Natur des Leibes und der der Seele. Man wird an Philolaos' Wortspiel ‚σῶμα–σῆμα',[5] an die Auffassung des Leibes als des Grabes der Seele erinnert, wenn diese als das göttliche Prinzip im Menschen geschildert ist, das befleckt wird durch die Vermengung mit dem irdischen, dem Leib.

Der tiefste Sinn des Eros also ist: der Mensch will göttlich, unsterblich, ewig werden, weil ein göttliches Element in seiner Natur enthalten ist. An dieser Stelle wird es gut sein, sich zu erinnern, daß ἀθάνατος, ἀθανασία nicht einfach ‚unsterblich', ‚Unsterblichkeit', sondern mindestens ebensosehr ‚göttlich', ‚Göttlichkeit' bedeutet. Für den Griechen ist eben Göttlichkeit von Unsterblichkeit nicht zu trennen: denn Unsterblichkeit ist die vornehmste Eigenschaft der Götter. Darum bedeutet ἀθάνατος, ἀθανασία unzählige Male schlechthin ‚göttlich', ‚Göttlichkeit'. Im Symposion selbst finden wir diese Bedeutung: Eros, heißt es p. 202 *d/e*, ist ein Wesen μεταξὺ θνητοῦ καὶ ἀθανάτου; nach den elementarsten Regeln der Logik ist es klar, daß ἀθάνατος hier nur ‚göttlich' bedeuten kann. Gleich darauf lesen wir auch tatsächlich die Worte πᾶν τὸ δαιμόνιον μεταξύ ἐστι θεοῦ τε καὶ θνητοῦ.

Das Ewigkeitsstreben des Menschen äußert sich nun zunächst als Streben nach körperlicher Fortpflanzung. Es wäre verfehlt, führt Sokrates p. 207 *d* ff. aus, in der Fortpflanzung nicht eine gewisse Befriedigung des Ewigkeitstriebes zu sehen. Wohl bleibt das Alte nicht ewig, sondern wird durch ein Neues ersetzt. Aber dies gilt im Grunde von allem, was dem Flusse des Werdens unterworfen ist; nicht nur der physische Mensch erneut sich beständig, ohne doch darum ein anderer genannt zu werden, auch alles Psychische und Geistige – besonders deutlich ist dies am Gedächtnis und der Erinnerung zu sehen – ist in immerwährendem Vergehn und Neuwerden begriffen. In dieser Weise hat eben das Vergängliche an der Ewigkeit teil und insofern bedeutet die Fortpflanzung eine Befriedigung des Ewigkeitstriebes.

Es braucht nicht erst gesagt zu werden, daß es heraklitischer Geist ist, der aus diesen Gedanken spricht. Im Symposion beugt sich Platon demnach vor der großartigen Weltanschauung des Ephesiers und erkennt ihre Berechtigung an.

Die höhere Art des Zeugungstriebes äußert sich in der geistigen Zeugung, deren eigentlich treibendes Motiv die φιλοτιμία, der Ehrgeiz, speziell das Streben nach unvergänglichem Nachruhm ist. Geistige Zeugung ist das Schaffen der Dichter und überhaupt aller Künstler, vor allem aber der Gesetzgeber (Lykurgos und Solon). Hier zeigt es sich nun deutlich, wie notwendig es ist, bei ‚ἀθανασία' nicht der Bedeutung ‚Göttlichkeit' zu vergessen. Die geistige Zeugung als Zeugung höherer Art sollte auch eine höhere Athanasie gewähren denn die bloß körperliche Zeugung; der Nachruhm allein scheint aber nur eine schattenhafte, sozusagen magere Unsterblichkeit zu verleihen: fortzuleben im Gedächtnis der anderen Menschen statt in seiner Nachkommen Fleisch und Blut – verdient solche

Unsterblichkeit wirklich höheren Preis? Sollen sich die Menschen mit solcher bloß ‚platonischen' Unsterblichkeit zufrieden geben? Ein homerischer Zeuge verneint uns diese Frage. Ich denke der berühmten Worte des Achill λ 488–491:

Μὴ δή μοι θάνατόν γε παραύδα, φαίδιμ' Ὀδυσσεῦ.βουλοίμην κ' ἐπάρουρος ἐὼν θητευέμεν ἄλλῳἀνδρὶ παρ' ἀκλήρῳ, ᾧ μὴ βίοτος πολὺς εἴη,ἢ πᾶσιν νεκύεσσι καταφθιμένοισιν ἀνάσσειν.

Hier kommt uns nun die andere Bedeutung von ἀθανασία zu Hilfe. Wer den wahren und echten Nachruhm erlangt, wird damit zum Heros: ὧν καὶ ἱ ε ρ ὰ π ο λ λ ά , heißt es Symp. p. 209 *e*, ἤδη γέγονε διὰ τοὺς τοιούτους παῖδας, διὰ δὲ τοὺς ἀνθρωπίνους οὐδενός πω.[6]

Die höchste Form der geistigen Zeugung ist aber die, welcher die Erkenntnis der Idee des Schönen und Guten[7] zugrunde liegt, und diese Art des Eros erzielt auch die reinste Athanasie: denn das wahre Wissen hat die wahre Tugend zur Folge; wer nun die Idee des Schönen und Guten, d. i. das wahrhaft Seiende, kennt, der erzeugt nicht mehr bloße Abbilder der Tugend (εἴδωλα ἀρετῆς p. 212 *a*), sondern die wahre und wirkliche Tugend. Und wie das ὄντως ὄν ü b e r der sichtbaren Welt liegt, so ist auch die auf der Erkenntnis des wahrhaft Seienden beruhende Tugend eine überirdische und setzt den Menschen den Göttern gleich. Ganz offenbar ist dies der Sinn der Stelle 212 *a* .... τεκόντι δὲ ἀρετὴν ἀληθῆ καὶ θρεψαμένῳ ὑπάρχει θεοφιλεῖ γενέσθαι, καὶ εἴπερ τῳ ἄλλῳ ἀνθρώπων ἀθανάτῳ καὶ ἐκείνῳ. Von einer Erhöhung der Philosophen unter die Götter weiß ja auch der dem Symposion nahestehende Phaidon zu erzählen (p. 82 *c*).[8] Auch ist es klar, daß die auf Grund der Ideenerkenntnis erworbene Athanasie höherer Art sein muß als das Heroentum; mit dem Nachruhm aber ist es hier nicht getan: gerade die wahre Tugend kann vergessen und verschollen bleiben, ja selbst verfolgt und mißhandelt werden. Ihr Lohn darf nicht von der Mißgunst und dem Unverstand der Mit- und Nachwelt abhängen; sagt doch Platon auch ausdrücklich ὑπάρχει θ ε ο φ ι λ ε ῖ γενέσθαι. Wir haben hier also zwischen den Zeilen zu lesen, daß der wahre Philosoph – dabei ist natürlich in erster Linie an Sokrates zu denken – nach seinem Tode den Göttern sich gesellt. Es ist dies die seiner allein würdige Athanasie.

Wie oben erörtert, liegt in der Unsterblichkeitsfrage das Problem des Symposion beschlossen. Die Auffassung des ‚Gorgias', der zufolge der Mensch eine unsterbliche Seele hat, ist aufgegeben. Bloß ein Streben nach der Ewigkeit wohnt ihm inne, ein Streben, das auf verschiedene Weise Befriedigung finden kann. Zugleich ist die Erklärung für dieses Streben gegeben: der Mensch ist eine Mischung aus einem göttlichen Prinzip – der

Seele – und einem irdischen – dem Leib. Und zwar ist diese Zusammensetzung so innig, daß der Tod keineswegs, wie dies Platons Annahme im Gorgias und später wieder im Phaidon war, die Trennung von Körper und Seele bedeutet. Vielmehr geht die Seele mit dem Körper im Tode unter, oder genauer gesagt, da ja Seele wie Körper jeden Augenblick vergehn, um neu zu werden, im Tode erlischt die Fähigkeit, sich aufs neue zu schaffen, wenn der Mensch nicht für seine Unsterblichkeit, sei es körperlich oder geistig, gesorgt hat. Das göttliche Prinzip veranlaßt nun den Menschen, nach der Athanasie, nach Göttlichkeit und Ewigkeit zu streben. Aber nicht dieses Streben allein wird durch die Mischung jener beiden Prinzipe erklärt, sondern überhaupt jedes Streben.[9] Dem Göttlichen wie dem Irdischen ist an sich das Streben fremd; dem Göttlichen, weil es sich absoluter Vollkommenheit erfreut, dem Irdischen, weil es die eigene Unvollkommenheit gar nicht fühlt (p. 204 *a* ff.). Erst die Mischung ruft das Streben, das Begehren hervor: das göttliche Prinzip weckt im Menschen das Streben nach immerwährender Glückseligkeit. Hierdurch ist das Werden verursacht, dessen göttliche Kraft eben darin besteht, daß es an die Stelle des Alten aus dem Alten heraus stets ein Neues treten läßt. Ganz dasselbe findet bei der körperlichen Fortpflanzung statt, so daß also auch der Liebe zu den Nachkommen jenes Ewigkeitsstreben zugrunde liegt.

In dieser Theorie des Werdens kann man das erste Stadium der Lehre von der Weltseele erblicken; tatsächlich läßt ja Platon den Eryximachos eine kosmische Liebestheorie aufstellen.

Ein Werden hat zunächst auch die geistige Zeugung zur Folge: aber sie ist der Weg, zur wahren Ewigkeit zu gelangen. Sie vermag aus dem Werden, das nur ein scheinbares Sein ist – es ist und es ist nicht –, ein wirkliches Sein zu schaffen, insbesondere wenn sie aus der Erkenntnis der Idee des Schönen und Guten hervorgeht.

Die Weltanschauung des Symposion ist sonach eine allumfassende; dem Werden wie dem Sein wird in gleicher Weise Rechnung getragen. Das erstere ist ganz in heraklitischem Geiste gewürdigt, zwar, wie nicht anders möglich, zum Sein in Gegensatz gestellt, aber keineswegs in den völlig unüberbrückbaren der Eleaten. Platon hat erkannt, daß Werden und Vergehn zwar in der Wirklichkeit unzertrennlich sind, darum aber noch nicht gleich bewertet werden müssen: das Vergehn ist irdisch, ungöttlich, die Kraft des steten Neuwerdens aber ist göttlich. Das Ziel des Werdens ist Vollkommenheit, aus dem Werden kann sich ein Sein gestalten. So schließt das Symposion einen kosmischen Ring um Sinnliches und Übersinnliches. Es ist ein Evangelium des Optimismus.

Das Symposion zeugt demnach von dem Versuch des Philosophen, die Lehren Heraklits und der Pythagoreer von einem höheren Standpunkt zu vereinen. Diese Tendenz, zwischen scheinbar konträren Weltanschauungen zu vermitteln, erklärt die Modifikation, die Platon im Symposion am Unsterblichkeitsglauben des ‚Gorgias' vorgenommen hat. Noch einmal läßt er seinen Blick voll Liebe auf d i e s e r Welt ruhen, bevor er sich endgiltig dem weltverachtenden Mystizismus der Pythagoreer überantwortet.

Aber nicht bloß Heraklit und die Pythagoreer finden im Symposion gebührende Beachtung; auch für den Eleatismus in megarischem Gewand hat Platons System einen Platz frei: das αὐτὸ καλὸν κἀγαθόν wird zum ὄντως ὄν hypostasiert. Freilich sind die Konsequenzen gerade dieser Lehre im Symposion nicht zu voller Klarheit gebracht; namentlich die Stellung der Götter zum αὐτὸ καλὸν κἀγαθόν bleibt unaufgeklärt. Es kann allerdings nur eine Möglichkeit geben: das αὐτὸ καλὸν κἀγαθόν muß als das allein wahrhaft Seiende auch für die Götter das Leben- und Sein-spendende Element bedeuten, wie es ja späterhin von der Idee des Guten tatsächlich ausgesagt wird. Damit stimmt auch überein, daß die Erkenntnis der Idee des Guten und Schönen den Menschen den Göttern gleichstellen soll. Aber dieses Abhängigkeitsverhältnis der Götter zum αὐτὸ καλὸν κἀγαθόν ist im Symposion noch keineswegs klar ausgesprochen. Wenn nun Platon diese Entthronung der alten Götter in aller Stille vornimmt, so ist dies zweifellos ein Zeichen dafür, daß die Ideenlehre im Symposion noch jungen Datums ist. Noch lehrreicher in dieser Hinsicht aber ist der Umstand, daß das Symposion nur die Idee des καλὸν κἀγαθόν kennt. Ich halte es durchaus nicht für richtig, Platon hier im Symposion etwa von den übrigen Ideen absehen zu lassen. Mir scheint vielmehr die Hypostasierung bloß des αὐτὸ καλόν κἀγαθόν als ὄντως ὄν die erste Form der Ideenlehre zu bedeuten. Hierbei lasse ich mich von folgenden Erwägungen leiten.

Der sokratischen Tugendwissenslehre fehlte die Bezugnahme auf einen letzten und höchsten Begriff. Ich erinnere an die Definition der Tapferkeit in Platons Protagoras (p. 360 *d*) als des Wissens vom δεινόν und μὴ δεινόν, eine Auffassung, gegen die Platon später im Laches polemisiert. Jede Tugend war für Sokrates eine andre φρόνησις, wie uns Aristoteles berichtet: Σωκράτης .... φρονήσεις ᾤετο εἶναι πάσας τὰς ἀρετάς .... Σ. μὲν οὖν λόγους τὰς ἀρετὰς ᾤετο εἶναι, ἐπιστήμας γὰρ εἶναι πάσας.[10] Besonders charakteristisch ist auch folgende Stelle des platonischen Laches (p. 194 *d*): πολλάκις ἀκήκοά σου, sagt dort Nikias zu Sokrates, λέγοντος, ὅτι ταῦτα ἀγαθὸς ἕκαστος ἡμῶν ἅπερ σοφός, ἃ δὲ ἀμαθὴς ταῦτα δὲ κακός. D i e Tugend zu definieren, hatte Sokrates nicht unternommen.

Offenbar unter dem Einfluß der Megariker, in deren Mitte er ja nach dem Tode des Sokrates weilte, hatte Platon diese Lücke in der sokratischen Philosophie empfunden. Die Megariker hatten das Gute in den Mittelpunkt des Seins gestellt und kannten nur eine Tugend, wie uns Diogenes Laertius

VII, 161 berichtet, nämlich die Kenntnis des Guten: ἀρετάς τ' οὔτε πολλὰς εἰσῆγεν (Ἀρίστων), ὡς ὁ Ζήνων, οὔτε μίαν πολλοῖς ὀνόμασι καλουμένην, ὡς οἱ Μεγαρικοί. Der Berechtigung dieser Auffassung konnte sich Platon nicht verschließen,[11] zumal ja die sokratische Basis damit nicht verlassen wurde. So einfach aber auch diese Definition der Tugend als der Erkenntnis des Guten (und seines Gegenteils) erscheint, so groß waren die Schwierigkeiten, nun die Definitionen der Einzeltugenden mit jener Definition der Gesamttugend in Einklang zu bringen. Jeder Tugend mußte die Erkenntnis des Guten zugrunde liegen; worin aber hatte man die charakterisierenden Merkmale der Einzeltugenden zu sehen? Mit diesen Schwierigkeiten hat Platon ernstlich gerungen, wie die Dialoge Laches und Charmides zeigen. In diesen beiden Dialogen bemüht sich Platon vergeblich, die richtige Definition der ἀνδρεία (Laches), beziehungsweise der σωφροσύνη (Charmides) zu finden. Er muß sich begnügen, die diesbezüglichen sokratischen Definitionen als ungenügend zu erweisen.

Erst im Gorgias ist das Problem mit Hilfe der pythagoreischen Psychologie, mit der Anerkennung der Begierden als eines selbständigen Faktors im Innenleben des Menschen gelöst. Die unterscheidenden Merkmale der Einzeltugenden sind gefunden: ἀρετή = σοφία ist die Erkenntnis des Guten, beziehungsweise der Diversität des Guten und Angenehmen; ὁσιότης ist die Erkenntnis des Guten, sofern es die Götter berührt; δικαιοσύνη, die Erkenntnis des Guten, welches die Menschen betrifft; das Feld der ἀνδρεία ist das Gute, wo es im Gegensatz zum Angenehmen steht; σώφρων aber ist der σοφός, weil er die Gefahr kennt, die von den Begierden droht, und diese darum im Zaume hält (Gorg. p. 507 ff.).

Gleichzeitig enthält der Gorgias wichtige Begriffsbestimmungen des Guten. Nach Gorg. 503 *e* ff. beruht auf den (pythagoreischen)[12] Begriffen κόσμος und τάξις die Güte einer Sache, sie machen das εἶδος zum εἶδος (εἶδος hier noch nicht im Sinne von ἰδέα = ὄντως ὄν gebraucht). Das Gute also macht wahrhaft seiend, verleiht erhöhte Essenz und damit in den Augen eines Denkers jener Zeit notwendig auch erhöhte Existenz, muß daher selbst in erster Linie als wahrhaft seiend bezeichnet werden. Damit harmonierte nun vollkommen die Lehre der Megariker, daß in Wahrheit nichts existiere als das Gute, daß das Gute und das Sein identisch wären. So kommt es zunächst zur Hypostasierung nur der Idee des καλὸν κἀγαθόν; damit findet jene Gedankenrichtung, welche vom kl. Hippias über Laches und Charmides zum Gorgias geführt hatte, ihren vorläufigen Abschluß. Den endgiltigen bedeutet erst der teleologische Idealismus: erkenntnis-theoretische Rücksichten bestimmten Platon neben der Idee des Guten noch andere Ideen anzuerkennen; aber nach wie vor bleibt ihm die Idee des Guten der

Angelpunkt des Seins, alle übrigen Ideen, sogar die des Seins, verdanken dieser Idee ihr Dasein (Rep. VI, p. 508 *e*).

Der Anschauung der Eleaten, nur dem Gegenstande des Wissens – also den Begriffen – komme wahres Sein zu im Gegensatz zu den Gegenständen der Sinne, und dem sprachlichen Moment (z. B. Gorg. p. 520 *d* ἀδικίᾳ ἀδικοῦσιν οἱ ἄνθρωποι – der Begriff erscheint als wirkende Ursache –) kann ich demnach für die Konzeption der Ideenlehre nur sekundäre Bedeutung zuerkennen.

Die Psychologie des Symposion ist noch ziemlich primitiv: es bleibt in der Hauptsache bei der Gegenüberstellung von Leib und Seele. Aus diesem Gegensatz hat sich schließlich die Lehre von den drei Seelenteilen herauskristallisiert. Im Symposion sind, wie früher im Gorgias (p. 465 *c*) und später im Phaidon, die Lüste und Begierden, das spätere ἐπιθυμητικόν, noch durch den Leib bedingt. Desgleichen fehlt eine klare Unterscheidung zwischen λογιστικόν und θυμοειδές (ich antizipiere die späteren termini). Bloß Ansätze dazu lassen sich erkennen, wie unten ausgeführt werden soll.

Von großer Bedeutung ist ferner die Stellung des Symposion zum Begriff des ὀρθὰ δοξάζειν. Gewöhnlich betrachtet man den ‚Menon' als denjenigen Dialog Platons, in dem dieser Begriff zuerst aufgestellt wird. Auch Th. Gomperz[13] ist dieser Ansicht; er sieht in der Art und Weise, wie ‚die im Menon erarbeitete Einsicht in die Stellung der richtigen Meinung als eines Mittleren zwischen Wissen und Unwissenheit im Symposion wie etwas Selbstverständliches aufgegriffen und verwertet wird', ein Zeichen für die Priorität des Menon vor dem Symposion. Aber dieser Ansicht kann ich mich nicht anschließen. Man darf nicht übersehen, daß es im Symposion Sokrates ist, der belehrt wird, während im Menon ein unerfahrener Jüngling – der Unterricht des Gorgias, den Menon genossen hat, wiegt in Platons Augen nicht schwer – von Sokrates belehrt wird. Und Sokrates ist doch an jener Stelle des Symposion (p. 201 *e* ff.) verblüfft genug: Οὐκ εὐφημήσεις, muß ihm Diotima zurufen, als er sich anschickt, despektierliche Folgerungen aus dem Mangel der Schönheit und Güte bei Eros zu ziehen. Noch schwerer aber wiegt, daß im Menon auf die δόξα ὀρθή die hoch bedeutsame Lehre von der Anamnesis gegründet wird, während im Symposion dieselbe nur als Beispiel für die Erläuterung des Begriffs des Mittleren erwähnt wird. Dies würde die Ausführlichkeit des Menon in diesem Punkt zur Genüge erklären. Vor allem aber sehe ich in der Auffassung der δόξα ὀρθή durch den Menon einen Fortschritt gegenüber dem Symposion: im Menon erscheint sie als ein Fragment der φρόνησις aus dem Vorleben der Seele (p. 85 *c* ff.) und demgemäß wird sie im Phaidros ausdrücklich dem guten (weißen) Roß, dem θυμοειδές, zugeschrieben;[14] im Symposion aber erscheint das ὀρθὰ δοξάζειν als eine Mischung von ‚Gut' und ‚Schlecht', aus ἀμαθία und σοφία:

von der ἀμαθία hat es das μὴ ἔχειν λόγον δοῦναι, von der ἐπιστήμη das τοῦ ὄντος τυγχάνειν (p. 202 *a*).

Gegenüber dem Gorgias aber zeigt das Symposion mit seiner (übrigens schon im Lysis erfolgten) ausdrücklichen Anerkennung des Mittleren einen entschiedenen Fortschritt. Die spätere Rehabilitierung der im Gorgias in Bausch und Bogen (Aristeides allein ausgenommen) verurteilten Staatsmänner wird damit vorbereitet; sie ist bekanntlich im Menon vollzogen. Die Rehabilitierung der im Gorgias gleichfalls verworfenen Dichter hat bereits das Symposion besorgt, nachdem der ‚Jon' das Verdammungsurteil des Gorgias gemildert hatte. Dichterf e i n d l i c h ist auch der Jon noch; prinzipiell steht er mit dem Gorgias auf gleichem Standpunkt: er erkennt den Dichtern den Besitz der τέχνη, des bewußten, vernunftgemäßen Schaffens, ab. Aber er räumt ihnen ein, daß sie θείᾳ μοίρᾳ wirken. Diese Betonung einer θεία μανία der Dichter scheint mir mehr zu bedeuten als die bloße Illustration der in der Apologie (p. 22 *b/c*) hingeworfenen Bemerkung, die Dichter wirkten nur φύσει τινὶ καὶ ἐνθουσιάζοντες.[15] Sie scheint mir vielmehr der Unterscheidung verschiedener μανίαι im Phaidros näher zu stehen als der Auffassung der Apologie. Darum betrachte ich den Jon als eine Einschränkung des Gorgias, so daß sich mir die Reihenfolge Gorgias, Jon, Lysis, Symposion ergibt.

Ein weiterer Fortschritt des Symposion gegenüber dem Gorgias zeigt sich in folgendem: Platon unterscheidet neben jener Art der geistigen Zeugung, welche sich in den Werken der Künstler und Staatsmänner äußert, noch ein Schaffen auf Grund der Erkenntnis der Idee des Guten und Schönen. Hier bereitet sich offenbar die Trennung des guten Seelenteiles in λογιστικόν und θυμοειδές vor. Das letzte Wort über all diese Dinge aber spricht erst der Phaidros: der Grad der Ideenschau im Vorleben bewirkt die verschiedenen Talente (Philosophie, Dichtkunst, Politik etc.).

Werfen wir nun einen kurzen Rückblick auf den Inhalt des Symposion. Sein tiefinnerstes Wesen ist die Versöhnung heraklitischer und pythagoreischer Gedanken, worauf auch sein Ton des sieghaften Optimismus zurückzuführen ist. Im Zusammenhang damit steht auch die noch ziemlich primitive Psychologie sowie das völlige Fehlen jener so überaus wichtigen Lehre von der Wiedererinnerung. Ein weiteres bedeutsames Charakteristikon des Symposion ist, daß e s die Ideenlehre in ihrer ursprünglichen Form enthält: einzig das αὐτὸ καλὸν κἀγαθόν ist als ὄντως ὄν hypostasiert, womit Platon mehr dem Vorbild der Megariker denn der Eleaten folgte. Die Auffassung der Tugend als der Kenntnis des Guten war im Grunde schon die Ethik des ‚Gorgias'. In dem Augenblick aber, da Platon im αὐτὸ καλὸν κἀγαθόν das ὄντως ὄν zu erblicken glaubte, wurde seine Tugendlehre zugleich Ontologie.

Ich sehe also im Symposion das erste größere Werk nach dem Gorgias, setze seine Abfassung daher einige Jahre nach diesem Dialoge an. Da ich nun mit Gomperz den Gorgias in die Zeit der Akademiegründung verlege, so müßte das Symposion etwa 385/4 v. Chr. verfaßt sein. In diese Zeit führt auch die bekannte Anspielung des Aristophanes auf den διοικισμός der Arkader (Symp. p. 193 *a*). In dieselbe Zeit fällt aber auch der Tod des Aristophanes. Es kann kaum ein Zweifel sein, daß Platon dem eben dahingegangenen großen Komödiendichter im Symposion eine Gedenktafel geweiht hat; tatsächlich ist ja die Gestalt des Aristophanes mit besonderer Liebe und Sympathie gezeichnet.

An dieser Stelle möchte ich noch einige Worte über die Auslegung jener merkwürdigen Stelle am Schlusse des Symposion (p. 223 *d*) sprechen, wo Sokrates dem Tragödiendichter Agathon und dem Komödiendichter Aristophanes auseinandersetzt, der echte Dichter müsse in gleicher Weise Tragödien und Komödien schreiben können. Diese Worte hat man auf Platon selbst bezogen: der Phaidon sei die Tragödie, das Symposion die Komödie (Teichmüller, Lutoslawski, W. Christ, Natorp). Es wäre um unsere Kenntnis der platonischen Philosophie wahrlich übel bestellt, wenn die chronologische Forschung solchen – mehr oder minder geistreichen – Einfällen entscheidendes Gewicht beimessen wollte. Mit Recht hat man dawider eingewendet, daß der Phaidon gar nicht als Tragödie bezeichnet werden könne.[16] Vor allem aber ist eine solche Äußerung Platons: „ich kann auch Komödien schreiben, nicht bloß Tragödien“ (wenn anders sie überhaupt so gemeint ist), nur als Erwiderung auf einen Angriff denkbar; man muß ihn als ‚Tragiker‘ verspottet haben, wenn er sich wirklich im Symposion so äußert. Dazu bot aber der weihevolle Ernst des Phaidon keinen Anlaß, ganz abgesehen davon, daß dieser Dialog aus zwingenden Gründen dem Symposion nachgesetzt werden muß. Mit der Datierung Gorgias–Symposion läßt sich indes jene Auffassung der Stelle p. 223 *d* sehr wohl vereinen. Der Verfasser des schwarzgalligen Gorgias kann leicht als τραγικώτατος verspottet worden sein; und darauf bezöge sich dann jene Stelle des Symposion. Große Bedeutung kommt aber meines Erachtens solchen Beobachtungen, die ja nie zuverlässig sind, überhaupt nicht zu. Der Versuch, aus ihnen die chronologische Reihenfolge der platonischen Dialoge zu erschließen, käme einem Opfer des Intellektes gleich.

Wenn ich das Symposion in die unmittelbare Nachbarschaft des Gorgias stelle, so dürfte es wohl am Platze sein, einigen Mutmaßungen Raum zu geben darüber, wie Platon dazugekommen sein könnte, dem Gorgias das Symposion folgen zu lassen, vor allem, was ihn wohl veranlaßt hat, seine Aufmerksamkeit der Erotik zuzuwenden, ja die Eroslehre geradezu zum Angelpunkt seines ganzen Systemes zu machen.

III.

Wie bei einem Werke von solcher Leidenschaftlichkeit und solcher Schärfe der Polemik nicht anders denkbar ist, hat Platons Gorgias jedenfalls auf vielen Seiten lebhaften Widerspruch erregt. Sein schonungsloser Kampf gegen den Hedonismus mußte unter Philosophen und Laien Widersacher finden. Aber auch daß Platon im Gorgias seinen Meister Sokrates der ἡδονή gegenüber eine Stellung einnehmen ließ, die der historischen Wahrheit nicht entsprach, konnte nicht unwidersprochen bleiben. In der kurzen Zeit, die seit Sokrates' Tode verstrichen war, hatte man noch nicht vergessen, daß Sokrates durchaus kein Asket gewesen, daß er die Freuden des Lebens ohne Not niemals verschmäht hatte, daß er an den Blumen des Daseins nicht achtlos vorübergegangen war. Kronzeuge hierfür war die sokratische Erotik. Wie immer, so hatte auch hier die Fama maßlos übertrieben und namentlich Sokrates' Verhältnis zu Alkibiades pikant ausgeschmückt. Sicherlich hat man es nicht unterlassen, in der Polemik gegen den platonischen Gorgias darauf hinzuweisen. So wurde Platon nahegelegt, des historischen Sokrates Verhältnis zum Hedonismus im allgemeinen und zur Erotik im besonderen einmal wahrheitstreu darzulegen und jenen Übertreibungen energisch entgegenzutreten.

Der Gorgias aber war wohl nicht nur ob des Mangels historischer Treue in der Schilderung des Sokrates angegriffen worden: man hat gewiß auch die Erotik überhaupt, die Tatsache des Liebeslebens gegen diesen Dialog ausgespielt. Die Erotik, die ja der Gorgias ganz unberücksichtigt gelassen hatte, schien für die hedonistische Weltanschauung ein gewichtiges Wort in die Wagschale zu legen; und man wird kaum mit der Annahme fehlgehen, daß gerade aus der Mitte der Sokratiker,[17] bei denen doch die Erotik eine so bedeutende Rolle spielte, auf dieselbe hingewiesen wurde. Die kyrenaische Schule huldigte ja dem Hedonismus.

Dies war nun bereits eine philosophische Frage. Platon mußte sich dadurch veranlaßt fühlen, nach Zweck, Sinn und Ziel des Eros überhaupt zu fragen. Der Gorgias hatte sich über die Liebe gar nicht geäußert, sie offenbar als eine ἐπιθυμία unter vielen betrachtet und sich nicht einmal darüber ausgesprochen, ob sie als eine nützliche oder schädliche anzusehen sei. Sehen wir nun, wie sich Platon zu dieser Frage stellen mußte.

Die selbständige Untersuchung eines Problems beginnt man gewöhnlich mit der Kritik der bereits bestehenden Theorien. So verfuhr auch Platon mit den geltenden Liebestheorien im ‚Lysis'; der Verschiedenheit der Ausdrücke φιλία (Lysis) und ἔρως (Symposion und Phaidros) kommt natürlich keine Bedeutung zu, da eben in der φιλία der Hellenen das erotische Moment enthalten war, wie gerade der ‚Lysis' zeigt.

Das Ergebnis der platonischen Kritik im Lysis ist scheinbar ein rein negatives. Weder die alte Deutung der Liebe und Freundschaft als des Strebens nach dem Gleichen – eine Deutung, die auch Empedokles übernommen hatte (Lys. p. 214 *b*), – noch die heraklitische als der Anziehung des Ungleichen (p. 215 *c* ff.) trifft, so führt der Lysis aus, das Richtige. Freundschaft zwischen Gleichen sei unfruchtbar und nutzlos, eben infolge der Gleichheit: der eine hat dem anderen nichts zu geben. Zwischen Ungleichen aber ist Freundschaft erst recht unmöglich, z. B. zwischen ἄδικος und δίκαιος. So bleibt nur der Mittelweg: das μήτε ἀγαθὸν μήτε κακόν ist dem ἀγαθόν φίλον des κακὸν wegen, das ihm innewohnt (p. 217 *b* ff.). Aber dadurch werden neue Schwierigkeiten geweckt: das Gute soll nur durch das Schlechte φίλον sein, müßte also aufhören, φίλον zu sein, wenn das Schlechte verschwände. Der Mensch, der ein Mittelding zwischen ‚Gut' und ‚Schlecht' ist (p. 220 *d*), würde nicht mehr nach dem Guten streben, wenn das Schlechte wegfiele. Dies kann nicht richtig sein. So wird das Problem von einer neuen Seite in Angriff genommen: jedes φιλεῖν ist auch ein ἐπιθυμεῖν καὶ ἐρᾶν, dieses wiederum geht aus einem Mangel hervor (p. 221 *a* ff.). Damit ist die obige Schwierigkeit umgangen, das φίλον nicht durch das κακόν bedingt, nur durch den Mangel des ἀγαθόν. Dieses aber ist das Objekt der φιλία.

Die Untersuchung wird fortgesetzt und endet scheinbar ergebnislos. Da der Mangel aus einer Beraubung hervorgeht (p. 221 *e*), scheinen ἔρως und φιλία das οἰκεῖον zum Objekt zu haben. Aber bedeutet dies nicht die Widerlegung des bisher Gewonnenen? Mit dem ὅμοιον darf das οἰκεῖον nicht identisch sein aus dem bereits angeführten Grunde. Soll nun unter dem οἰκεῖον das ἀγαθόν, unter dem ἀλλότριον das κακόν verstanden werden? Kann denn aber z. B. dem κακός das ἀγαθόν οἰκεῖον sein? Ist nicht vielmehr das κακόν dem κακός, das ἀγαθόν dem ἀγαθός οἰκεῖον? Aber der Gleiche kann dem Gleichen nicht φίλος sein! Sokrates schließt die Unterredung mit der Aufforderung, all das Gesagte noch einmal zu überdenken (τὰ εἰρημένα ἅπαντα ἀναπεμπάσασθαι p. 222 *e*).

Diese Wendung allein bewiese, daß der Lysis nicht resultatlos schließt. Platon hat es aber an einem deutlichen Wink nicht fehlen lassen, was er als Endergebnis des Dialogs betrachtet wissen wollte: das οἰκεῖον wird, wenn auch ohne Angabe von Gründen, ausdrücklich als nicht identisch mit dem ὅμοιον bezeichnet (p. 222 *c*). Um ein positives Resultat zu erlangen, ist nur nötig, jene beiden Angaben zusammenzustellen, nach welchen einerseits das Gute, andrerseits das Eigene das Objekt der φιλία sein soll. Das heißt natürlich, ἀγαθόν und οἰκεῖον (nicht ὅμοιον!) sind identisch: der Mensch, der weder gut noch schlecht ist, strebt nach dem Guten als dem Eigenen. Damit sind alle Bedenken hinfällig geworden.

Nur eine Frage bleibt noch offen: wieso kann dem Menschen das Gute οἰκεῖον sein, wenn er weder gut noch schlecht ist? Die Antwort darauf gibt erst das Symposion.

Aber schon aus den Erörterungen des Lysis sehen wir, daß Platon die Frage nach dem Wesen des Eros alsbald mit der Frage nach der Beschaffenheit der menschlichen Natur verquickt hat, daß er erkannt hat, die erste Frage ließe sich erst nach Beantwortung der zweiten einer völlig befriedigenden Lösung zuführen.

Wie aber kam Platon dazu, im ἀγαθόν das Objekt des ἔρως zu sehen? Jedenfalls war ihm, der die Reinheit der sokratischen Erotik kannte, klar, daß der Begriff des Eros ein umfassenderer sein mußte als der der sinnlichen Liebe. Ein Gemeinsames mußte indessen den höchsten Eros mit dem niedersten verbinden. Das aber konnte nur das Streben nach dem Schönen sein, ob man nun darunter wohlgeformte Körper oder so erhabene Dinge wie Weisheit und Tugend verstand. Denn auch das zählte für den Griechen, der das ἀγαθόν vom καλόν nicht trennte, zum Schönen. Diese gemeingriechische Auffassung wurde Platon auch durch die Pythagoreer bestätigt: auf κόσμος und τάξις beruht nach der pythagoreischen Quelle des Gorgias die Trefflichkeit eines Dinges, nicht minder aber die Schönheit; denn Ebenmaß und Gesetzmäßigkeit erwecken ein ästhetisches Lustgefühl. So ist für Platon das καλὸν κἀγαθόν das eigentliche Objekt des Eros; und da er – schon im Gorgias – den Menschen aus einem guten und einem nicht guten Element bestehen ließ, erklärte sich ihm der Eros aus der menschlichen Natur: auf das Gute (und Schöne) richtet sich das Streben des Menschen, weil es zwar seiner Natur innewohnt, aber nicht rein und ungetrübt.

So weit war sich Platon bereits im Lysis über das Erosproblem klar geworden; es war ihm aber in diesem Dialog nicht darum zu tun, die Lösung der Frage zu geben, sondern die bestehenden Theorien zu kritisieren und den Boden für seine Auffassung zu bereiten. Denn bei der Erklärung des Eros als des Strebens nach dem Guten und Schönen blieb Platon nicht stehen. Das gute Element im Menschen hielt er, wie das Symposion uns lehrt, für göttlichen Ursprungs. So ist das Streben nach dem Guten und Schönen, der Eros, im Grunde ein Streben nach Göttlichkeit; tatsächlich strebt ja auch der Mensch nach dem immerwährenden Besitz des Guten; ohne Unsterblichkeit, das Vorrecht der Götter, ist ein solcher aber nicht möglich: so mußte Platon als Ziel des Eros im tiefsten Grunde Unsterblichkeit und Göttlichkeit erscheinen. Dadurch war ihm die Möglichkeit gegeben, die Unsterblichkeitstheorie des ‚Gorgias' zu modifizieren und der heraklitischen Weltanschauung Gerechtigkeit widerfahren zu lassen.

Aus diesen Anschauungen über das Wesen des Eros ergab sich nun weiters, daß, da jeder Mensch nach dem Guten strebt, alle Menschen ohne Ausnahme Erotiker genannt werden müßten; zugleich sah sich Platon vor die Aufgabe gestellt, den Eros im engeren Sinn auf den Ewigkeitstrieb zurückzuführen. Er erledigte sich derselben, indem er jenen Eros als Zeugungstrieb erklärte; denn die Zeugung ist göttlich, ihre Produkte überdauern den Urheber: die leiblichen Kinder ihre Eltern, die geistigen Schöpfungen ihren Schöpfer. So zielt also auch jener spezielle Eros auf Unsterblichkeit und Göttlichkeit, ja durch ihn betätigt sich hauptsächlich jener allgemeine Eros, der allen Menschen infolge der Zusammensetzung ihrer Natur innewohnt.

Diese Lehren hat Platon im Symposion verkündet. Er hat in diesem Werk aber zugleich die Gelegenheit wahrgenommen, die Stellung des historischen Sokrates zur Erotik wie zur Lust überhaupt wahrheitsgemäß zu schildern. Diesem Zwecke dient vornehmlich die Rede des Alkibiades, welche alle jene Märchen zerstreut, die von einer sinnlichen Liebe des Sokrates zu jener glänzendsten Erscheinung Allgriechenlands zu erzählen wußten. Zugleich gibt Platon durch seine ganze Schilderung des Sokrates zu, daß dieser die Annehmlichkeiten des Lebens durchaus nicht verschmäht hat. Er will offenbar der verkehrten Auslegung seines Gorgias entgegentreten, als habe er der Vernichtung der Begierden, der Ächtung des ἡδύ das Wort geredet. Im Gorgias hatte er alle die verurteilt, die das ἡδύ höher stellten als das ἀγαθόν; damit war aber keineswegs verlangt, daß dem ἡδύ auch derjenige ausweiche, der gewohnt ist, dem ἀγαθόν zu folgen. Dieses Moment hebt das Symposion ausdrücklich hervor: es enthält geradezu den Beweis, daß das ἡδύ wahrhaft zu genießen nur vermöge, wer das ἀγαθόν höher stellt. Nie hätte Sokrates jene geradezu phänomenale ἐγκράτεια τῶν ἡδονῶν erreicht, wäre sein Leitstern nicht das ἀγαθόν gewesen. Und erst als ἐγκρατὴς τῶν ἡδονῶν konnte er das ἡδύ voll und ganz genießen.

Von diesem Gesichtspunkt aus ist die Rede des Alkibiades zu verstehen; sie hat den doppelten Zweck, einerseits die Stellung des historischen Sokrates zur ἡδονή klar zu legen, anderseits zu zeigen, wie weit die ἡδονή überhaupt berechtigt ist.

IV.

Hiermit wäre eigentlich unsere Untersuchung zu Ende. Ich will es mir aber nicht versagen, noch das Verhältnis des Symposion zum Phaidros zu besprechen, zu jenem Dialog, der gleichfalls das Thema der Erotik behandelt. Ob dem Symposion oder dem Phaidros die Priorität zuzusprechen ist, darüber gehen die Ansichten noch immer auseinander. Die sprachlichen Indizien sprechen entschieden für die spätere Abfassung des Phaidros; aus inhaltlichen Gründen weist neuerdings auch Raeder den Phaidros einer recht späten Epoche der schriftstellerischen Tätigkeit Platons zu: nicht nur Symposion und Phaidon, auch den Staat läßt er ihm vorausgehen.[18] Ivo Bruns[19] dagegen glaubt, gleichfalls aus inhaltlichen Gründen, die Priorität des Phaidros erweisen zu können. Bevor ich auf die Frage eingehe, sei mir eine Bemerkung allgemeiner Natur gestattet. Größere Genialität und Tiefe lassen sich nicht als chronologische Indizien verwerten bei Werken, die der Vollkraft ihres Schöpfers entstammen. Und gerade dies ist der Fall der platonischen Dichtungen Symposion und Phaidros. Wer im Symposion den höchsten Ausdruck platonischen Genies und Tiefsinnes findet, wird schwerlich zu widerlegen sein. Die Gedanken über das innerste Wesen der Liebe, welche das Symposion in unvergleichlicher Form bietet, sind auch heute noch nicht veraltet. An einen Denker der jüngsten Vergangenheit, an Friedrich Nietzsche gemahnt es, wenn Platon alles Schaffen für göttlich erklärt. Es wäre indes verfehlt, aus diesen Qualitäten des Symposion die Priorität des Phaidros erweisen zu wollen. Denn die Schrift, welcher der r e l a t i v geringere Wert zukommt, kann sehr wohl die später entstandene sein. Ihr Schöpfer hatte eben den Gipfelpunkt seines Könnens bereits überschritten. Ein solches Verhältnis scheint mir zwischen Symposion und Phaidros zu bestehen. Platons Können hat meines Erachtens den Höhepunkt in d e m Augenblick überschritten, da seine Mystik anhebt. Mystische Anklänge sind nun im Phaidros bereits in großer Zahl vorhanden, während sie im Symposion noch völlig fehlen. Man kann wohl sagen, mit der Lehre von der Wiedererinnerung beginnt die Mystik Platons. Hier hebt der Nebel an und das Dämmerdunkel; Platon sucht in Tiefen hineinzuleuchten, die keines menschlichen Geistes Flamme zu erhellen vermag. Das einzig Gegebene, das irdische Leben, als Wirkung einer Präexistenz aufgefaßt – da entzieht sich das Denken selber den Boden unter den Füßen. Auf dem Symposion hingegen liegt noch volle Sonne: sokratische, vielleicht überhaupt ionisch-attische Sonne und Klarheit.

Wenden wir uns von diesen allgemeinen Erwägungen dem Vergleich der Lehren des Symposion und des Phaidros zu.

Im Phaidros ist die Idee des Schönen eine Idee unter Ideen, nicht d i e Idee, die Ideenlehre ist durch die Lehre von der Anamnesis gegen erkenntnistheoretische Bedenken gestützt, die aus drei Teilen zusammengesetzte[20] Seele gilt als unsterblich: dies sind meines Erachtens entscheidende Indizien für die Priorität des Symposion vor dem Phaidros. Aber auch die Eroslehre selbst ist im Phaidros bedeutend reifer und entwickelter. Die so überaus einfache Auffassung des Symposion – Eros das Streben des Menschen, das Göttliche seiner Natur zur Geltung zu bringen – ist erweitert in wichtigen Punkten. In einer Präexistenz, führt Platon im Phaidros c. 22 f. (244 *a* ff.) aus, hat die Seele im Gefolge desjenigen Gottes, dessen Wesen dem ihrigen gleicht, wenn auch nur auf kurze Augenblicke und mit vieler Mühe, die Ideen leibhaft zu schauen vermocht. Ins irdische Dasein geraten, erwacht in ihr beim Anblick des Schönen, weil die Idee der Schönheit sozusagen die sinnenfälligste ist, die Erinnerung an jene wahre Welt und damit der Eros. Wie ganz anders hört sich diese Erklärung[21] des Erwachens der Liebe an als jene Symposionstelle p. 205 *b* ff., wo Platon zur Erklärung des befremdlichen Umstandes, daß nur die sinnliche Liebe Eros genannt wird, nicht, wie es sein sollte, der allen Menschen innewohnende Drang nach dem Guten, bloß den Analogiefall der ποίησις anführt! Es ist doch ganz undenkbar, daß die Auffassung des Symposion die spätere ist.

Einmal erwacht, richtet sich nun der Eros zunächst darauf, die Seele ihrem göttlichen Führer wieder ähnlich zu machen. Der Liebende, im dunklen Drange nach der Rückkehr in die Gefolgschaft seines Gottes, erkennt im Gegenstand seiner Liebe eine ihm wesensverwandte Seele und schöpft aus dieser Erkenntnis die Kraft, sich der Rückkehr in die Göttergefolgschaft würdig zu machen. Durch diese Auffassung eint der Phaidros zwei scheinbar widerstreitende Ansichten des Lysis und des Symposion. Lys. p. 221 *e* ff. sagt Sokrates, da das Objekt des Eros wie jeglicher ἐπιθυμία das οἰκεῖον sei, müßten zwei Freunde φύσει οἰκεῖοι sein; Übereinstimmung der Natur sei die Vorbedingung für alle Liebe. Im Symposion hingegen wird Aristophanes, der diese Auffassung verficht, von Sokrates mit dem Bemerken widerlegt, daß das οἰκεῖον nur, sofern es gut sei, Objekt des Eros sei. Der Phaidros weiß beide Ansichten zu vereinen: er bestätigt, daß die Übereinstimmung der Naturen die Grundlage des Liebesbundes sei, daß die Freunde tatsächlich φύσει οἰκεῖοι seien. Weil aber die Menschen den verschiedenen Göttern nachgebildet sind, so ist das οἰκεῖον zugleich ein ἀγαθόν.

Mit Unrecht sieht daher Bruns[22] in der Aristophanesrede des Symposion die Erotik des Phaidros; ebenso unzutreffend ist, was er in der Anmerkung auf Seite 24 sagt, daß der geistige Verkehr im Phaidros in der Hauptsache auf den Knaben gerichtet sei, der im Symposion nur noch die Rolle des Anregers spiele. Dieses Argument ließe sich zunächst einfach umkehren. Vor allem aber besagt jene Phaidrosstelle 253 *a*, die Bruns selbst zitiert, gerade das Gegenteil: ἰχνεύοντες δὲ παρ' ἑαυτῶν ἀνευρίσκειν τὴν τοῦ σφετέρου θεοῦ φύσιν εὐποροῦσι διὰ τὸ συντόνως ἠναγκάσθαι πρὸς τὸν θεὸν βλέπειν, καὶ ἐφαπτόμενοι αὐτοῦ τῇ μνήμῃ ἐνθουσιῶντες ἐξ ἐκείνου λαμβάνουσι τὰ ἔθη καὶ τὰ ἐπιτηδεύματα, καθ' ὅσον δυνατὸν θεοῦ ἀνθρώπῳ μετασχεῖν· καὶ τούτων δὴ τὸν ἐρώμενον αἰτιώμενοι ἔτι τε μᾶλλον ἀγαπῶσι κτλ. Auch hiernach ist der Geliebte doch im Grunde nur das Medium, wenn er dabei auch mehr gewinnt als der ἐρώμενος im Symposion. Der Phaidros stellt eben die Frage nach dem Nutzen, den die Liebe dem Geliebten bringt, und bedeutet so die Ergänzung des Symposion. Die Vermutung liegt nahe, daß man gegen die Erotik des Symposion eingewendet hat, sie berücksichtige nur den Liebenden und vernachlässige die Interessen des Geliebten; sie sei geradezu eine Warnung, sich lieben zu lassen. Wir verstehen dann, warum in der Eroslehre des Phaidros der Geliebte so in den Vordergrund gerückt ist, daß ein Forscher vom Range Bruns' übersehen konnte, daß auch in diesem Dialog der Geliebte im Grunde nur das Medium für den Liebenden ist. Platon sucht eben jenem Vorwurf zu begegnen. Vielleicht dient auch die Wiedergabe der Lysiasrede dem gleichen Zweck: sie zeigt den wahren Egoismus im Gegensatz zur platonischen Auffassung.

Aber noch in einem anderen Punkt knüpft der Phaidros an das Symposion an, bezw. bildet er dessen Lehren aus. Wie oben erwähnt, muß bereits nach dem Symposion das αὐτὸ καλὸν κἀγαθόν als das alleinige ὄντως ὄν den Urquell und die Bedingung alles Seienden bedeuten. Aber dies ist keineswegs klar ausgesprochen, ja daß Platon in der leiblichen Fortpflanzung eine Befriedigung des Ewigkeitsstrebens sieht, steht dazu im Widerspruch. Auch die Götter müssen, wenn das αὐτὸ καλὸν κἀγαθόν allein wahrhaft ist, demselben ihr Dasein danken; wohnt nun dem Menschen, wie das Symposion lehrt, ein göttliches Prinzip inne, das sich zur Geltung bringen will, so ist auch das auf die Idee des Schönen und Guten zurückzuführen und eine Befriedigung dieses Ewigkeitsstrebens ohne jede Bezugnahme auf das ὄντως ὄν ausgeschlossen. Diesen logischen Irrtum des Symposion korrigiert nun der Phaidros. Er sagt es deutlich heraus, daß die Ideen auch die Urheber der Göttlichkeit sind: πρὸς οἷσπερ (τοῖς εἴδεσι) θεὸς ὢν θεῖός ἐστιν, lesen wir p. 249 *c*. Darum strebt der Mensch nicht nur, wenn ihm die Erinnerung an jene wahre Welt kommt, dahin zurück, nein, auch dort angelangt, gilt sein Streben wie das aller übrigen, die Götter mit eingeschlossen, der Erkenntnis der Ideen. Sie eben sind der Quell alles Seins. Jetzt erst ist der Eros gleich Erkenntnistrieb, was er im Symposion n i c h t war. Ebendadurch ist auch Platons geänderte Stellung zur sinnlichen Liebe bedingt: bei der strengen Durchführung des Dualismus konnte er im παιδοσπορεῖν keine Erfüllung des Ewigkeitsdranges mehr, nur ein Abirren vom wahren Ziel erblicken. Erst im Phaidros ist die Liebe ‚platonisch'.

Ich glaube nicht, daß die Gründe, welche für die Priorität des Symposion sprechen, hiermit erschöpft sind; doch sei eine eingehendere Behandlung dieses Punktes, insonderheit der Nachweis, daß nicht nur der ‚Phaidon' und der ‚Phaidros', sondern auch der ‚Menon' dem Symposion nachgefolgt ist, einer späteren Gelegenheit aufgespart.

[1] P. Natorp, Platos Ideenlehre, p. 168.

[2] Griech. Denker, II, p. 285.

[3] Vgl. Th. Gomperz, a. a. O. II, p. 312.

[4] Platons alte Gegnerschaft gegen die Rhetorik zeigt sich auch hierin: das einzige, was er an ihr zu billigen findet, ist ihre klare Einteilung und Disposition.

[5] Diels, frg. 14.

[6] Gedenkt diese Stelle des Heroenkultes, so erinnert eine frühere, die παιδογονία betreffende, an den Ahnenkult: οἱ μὲν οὖν ἐγκύμονες κατὰ σώματα ὄντες πρὸς τὰς γυναῖκας μᾶλλον τρέπονται καὶ ταύτῃ ἐρωτικοί εἰσι, διὰ παιδογονίας ἀθανασίαν καὶ μνήμην καὶ εὐδαιμονίαν, ὡς οἴονται, αὐτοῖς εἰς τὸν ἔπειτα χρόνον πάντα ποριζόμενοι p. 208 *e*.

[7] Platon erklärt im Symposion wiederholt ausdrücklich, daß sich das Schöne vom Guten nicht trennen lasse: p. 201 *c*, 204 *e* ff., indirekt auch p. 212 *a*.

[8] Ich erinnere auch an die stolzen Worte des Empedokles (Diels frg. 112).

..... ἐγὼ δ' ὑμῖν θεὸς ἄμβροτος, οὐκέτι θνητόςπωλεῦμαι μετὰ πᾶσι τετιμένος κτλ.

Überhaupt haben ja die Alten in der Gottwerdung eines Sterblichen zwar etwas Außergewöhnliches, aber durchaus nichts Unmögliches gesehen.

[9] Im Grunde ist für Platon jedes Streben wenigstens subjektiv ein Streben nach dem immerwährenden Besitz des Guten.

[10] Eth. N. VI, 13, 1144 *b* 17; zu vergleichen sind auch die Stellen ibid. III, 11, 1116 *b* 4 und Eth. Eud. I, 5, 1216 *b* 6.

[11] Wie der kleinere Hippias beweist.

[12] Aristoxenos bei Stobaios, fl. t. 43, 49 (Diels, Frgm. p. 294).

[13] a. a. O. II, 317.

[14] Ἀληθινῆς δόξης ἑταῖρος heißt es p. 253 *d* vom weißen Roß.

[15] So erklärt H. Raeder, Platons philosoph. Entwicklung p. 92, den Jon.

[16] R. Hirzel, der Dialog I, 225.

[17] Freilich nicht von Seite des Antisthenes.

[18] a. a. O. p. 245 ff.

[19] ‚Attische Liebestheorien', Neue Jahrb. f. d. klass. Altert. III (1900) p. 17 ff.

[20] Das Gleichnis vom Wagenlenker und den beiden Rossen würde meiner Überzeugung nach genügen, die Priorität des Symposion zu erweisen; entsprechend der bereits ausgebildeten Lehre von den drei Seelenteilen ist auch jene Unterscheidung zwischen den zwei Arten des geistigen Zeugungstriebes, die das Symposion bloß andeutet, im Phaidros viel schärfer: vgl. c. 37 (p. 256 *a* ff.).

[21] Daß diese Erklärung schon im Symposion im Mythos von Poros und Penia enthalten sei – Eros wird am Geburtstagsfest der Aphrodite gezeugt – (Zeller, II^4 612 Anm.), vermag ich nicht zuzugeben: Aphrodite ist ja in erster Linie Göttin der Liebe.

[22] a. a. O. p. 24/5.

9 789356 711440

Printed at Repro India Ltd.